Editions du loup bleu
71400 Autun

ISBN :979-10-90981-03-4

Comment la mer est devenue salée

Texte et illustrations
Florence Gobled

Il y a très, très longtemps,
Pédro aimait se promener
au bord de la mer.
Enfin...je devrais plutôt
dire « au bord de l'eau »
car à cette époque-là, la
mer n'était pas salée.

Pédro était très pauvre et sa seule distraction était de chercher de jolis cailloux sur la plage. Un jour, son regard se posa sur une pierre toute ronde et toute lisse. Heureux de sa trouvaille, il la ramassa et la glissa dans sa poche.

A peine la pierre se trouva-t-elle dans le noir que quelque chose d'étrange se produisit : Pédro sentit sa poche se remplir de petits grains et devenir très lourde. Puis, très vite, les petits grains blancs commencèrent à tomber sur le sable.

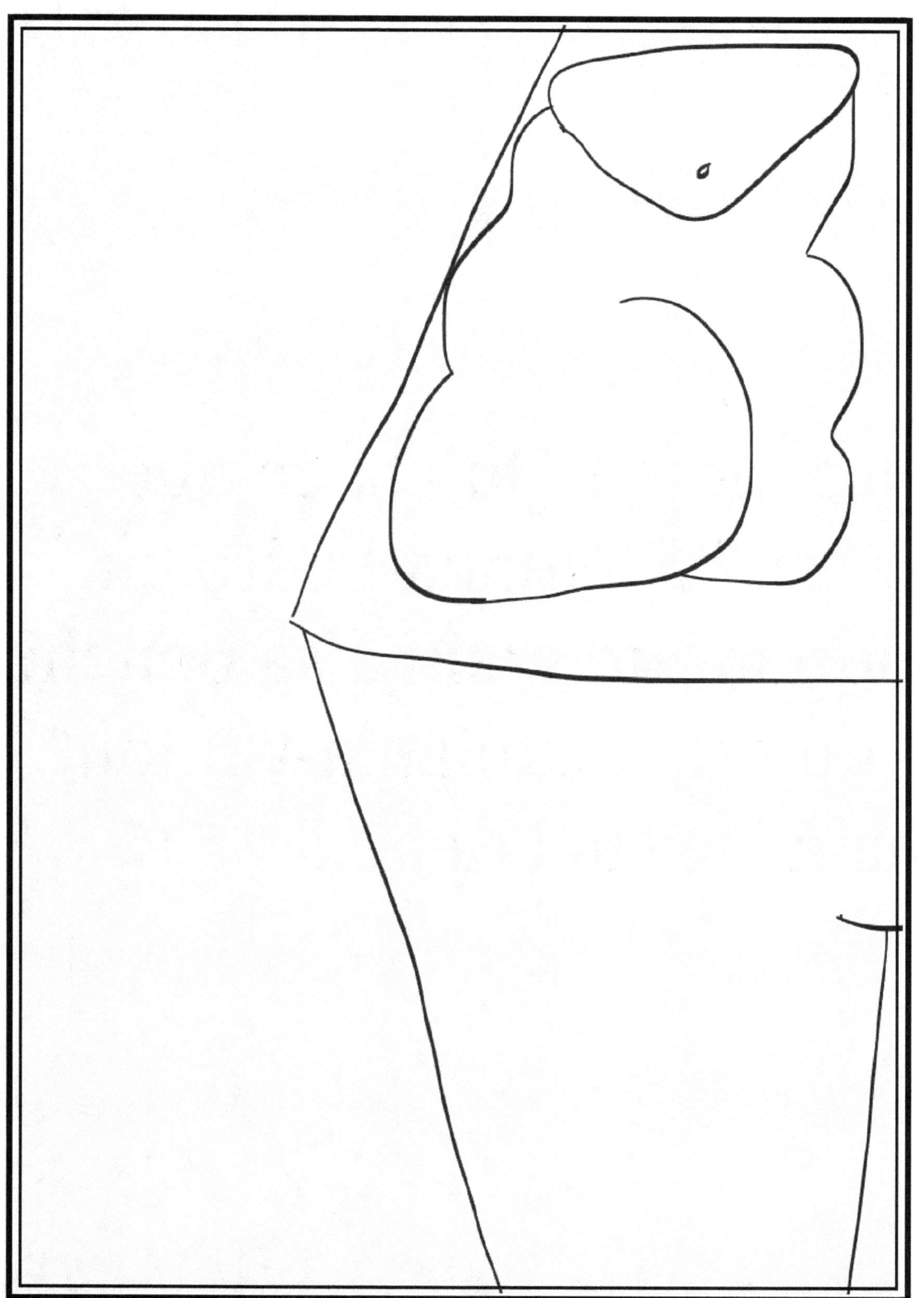

- ça alors ! Qu'est ce que c'est ? S'étonna Pédro en portant un grain à sa bouche.
- du sel, s'exclama-t-il tout haut. Je suis riche !

A compter de ce jour, la vie de Pédro fut bien différente.
Chaque nuit la pierre produisait du sel et chaque jour, Pédro partait le vendre au marché en longeant la plage.

Cependant, au village, les langues allaient bon train et la nouvelle vie de Pédro faisait des envieux. Chacun était prêt à tout pour connaître son secret. Il y avait ceux qui essayaient de devenir son ami dans l'espoir de le faire parler.

Ceux qui essayaient tout simplement de lui voler du sel et de le vendre à leur tour.

D'autres encore, plus ma-
lins qui le suivaient et
l'espionnaient jour et nuit.
Tout au bonheur de sa
nouvelle vie et entouré de
ses nouveaux amis, Pédro
ne se rendait compte de
rien.

Et un jour, un villageois découvrit que Pédro déte-nait une pierre magique qui fabriquait du sel. Il se ren-dit sur la plage, armé d'un bâton et attendit que Pédro aille au marché.

- Donne moi ta pierre magique ou tu vas le regretter, menaça le villageois en se jetant sur Pédro.
- Moi aussi, je veux être riche !
Craignant pour sa vie et comprenant que sa pierre attirerait toujours la convoitise, Pédro la lança sur la plage, le plus loin possible.

La pierre était si ronde et si lisse qu'elle roula jusque dans l'eau et s'y enfonça. Là, privée de lumière, elle se mit à fabriquer du sel sans jamais s'arrêter... Et, c'est depuis ce jour que la mer est salée.

Autres publications :

<u>Jeunesse</u>

Comment la mer est devenue salée, conte illustré, éditions du loup bleu
Le taxi de Ferdinand, roman illustré, 1ere lecture, éditions du loup bleu

<u>Pour tous</u>

De l'Auxois au Morvan, la cuisine d'une bourguignonne, éditions du loup bleu

Prix France : 7.00 €

Impression à la demande

Dépôt légal Juin 2014

Loi n°49.956 du 6 juillet 1949
sur les publications destinées à la jeunesse : juin 2014

Imprimé aux Etats-Unis